VIVO EN LAS MONTAÑAS

ELIZA ROBBINS

TRADUCCIÓN AL ESPAÑOL: JOSÉ MARÍA OBREGÓN

Rosen REAL READERS en español

Rosen Classroom Books & Materials
New York

Hola. Mi nombre es Clara y vivo en las montañas Rocosas de Colorado.

En las montañas viven venados.

Tomo clases en mi casa. Mi mamá es mi maestra.

En el invierno hay mucha nieve en las montañas.

En la primavera las flores crecen en la montaña.

Me gusta jugar al aire libre en la montaña.

PALABRAS QUE DEBES SABER

(las) flores

(las) montañas

(la) nieve

(los) venados